Una
ORACIÓN
QUE TOCA EL
CIELO

CONSUELO Y ESPERANZA

PARA LOS MOMENTOS

MÁS DIFÍCILES DE LA VIDA

RON MEHL

Publicado por
Editorial Unilit
Miami, Fl. 33172
Derechos reservados

© 2003 Editorial Unilit (Spanish translation)
Primera edición 2003

© 2002 por Ronald D. Mehl, Trustee
Originalmente publicado en inglés con el título: *A Prayer That Moves Heaven* por
Multnomah Publishers, Inc.
204 W. Adams Avenue, P. O. Box 1720
Sisters, Oregon 97759 USA

Todos los derechos de publicación con excepción del idioma inglés son
contratados exclusivamente por GLINT, P. O. Box 4060, Ontario,
California 91761-1003, USA.

(All non-English rights are contracted through: Gospel Literature
International, PO Box 4060, Ontario, CA 91761-1003, USA.)

Traducido al español por: Nancy Pineda

Citas bíblicas tomadas de la Santa Biblia, revisión 1960 © Sociedades
Bíblicas Unidas; La Biblia al Día © 1979 International Bible Society;
Santa Biblia, Nueva Versión Internacional © por la Sociedad Bíblica Inter-
nacional; y La Biblia de las Américas © 1986 The Lockman Foundation.
Usadas con permiso.

Producto 495306
ISBN 0-7899-1108-6
Impreso en Colombia
Printed in Colombia

*Dedicado con amor y afecto
a
Warner Kingsley Mehl,
nuestro segundo nieto.
Oro que desee, mediante sus oraciones,
mover el corazón de Dios.*

Contenido

Reconocimientos

En mi vida nunca he visto un día en el que el mundo parezca tan atormentado y todavía para muchos es como si hubiera muy pocas respuestas. Aun así, la verdad es que hay una respuesta. Dios quiere actuar en los tiempos de dificultad. Cuando leas estas páginas descubrirás que Dios busca personas por medio de las cuales Él se pueda mover. Dios siempre se mueve cada vez que encuentra personas orando.

Este libro nació de mi experiencia personal con Dios y su Palabra. Dios ha dicho: «Clama a mí y te responderé, y te daré a conocer cosas grandes y ocultas que tú no sabes» (NVI). Siempre he creído que uno no puede tener un mover de Dios sin un hombre o una mujer que Él no haya movido. Es por eso que espero que tú desees leer este libro. Creo contigo que Dios puede moverse y que Él se moverá a través de nosotros.

No habría suficientes palabras amables que decir acerca de Multnomah Publishers y su presidente, Don Jacobson. Don y su dotado y preocupado personal siempre han significado muchísimo para mí. Aprecio mucho su colaboración. Me han bendecido grandemente.

Deseo agradecer en especial a mi íntimo amigo Larry Libby, a quien declaro aquí y ahora, de manera que no quepa duda, como el mejor editor de todos. Qué tesoro ha sido Larry para mí. Larry, gracias por hacer que luzca mucho mejor de lo que merezco.

También, les debo una palabra amable a las personas que sirvo. Desde la congregación hasta el personal... soy muy privilegiado. Son los mejores y han dado esta alegría a mi vida.

Por último, me ha estimulado, y aún sin cesar lo hace, la familia que me ha dado Dios. Mi esposa, Joyce; nuestros dos hijos, Ron y Mark, junto con sus dulces esposas, Elizabeth y Stephanie; y, por supuesto, los tesoros de la familia: nuestros dos nietos, Liesl y Warner Mehl. Los amo y los bendigo por ser de tanto gozo para mí.

Después de esto, los moabitas, los amonitas y algunos de los meunitas le declararon la guerra a Josafat, y alguien fue a informarle: «Del otro lado del Mar Muerto y de Edom viene contra ti una gran multitud. Ahora están en Jazezón Tamar, es decir, en Engadi». Atemorizado, Josafat decidió consultar al SEÑOR y proclamó un ayuno en todo Judá. Los habitantes de todas las ciudades de Judá llegaron para pedir juntos la ayuda del SEÑOR. En el templo del SEÑOR, frente al atrio nuevo, Josafat se puso de pie ante la asamblea de Judá y de Jerusalén, y dijo:

«SEÑOR, Dios de nuestros antepasados, ¿no eres tú el Dios del cielo, y el que gobierna a todas las naciones? ¡Es tal tu fuerza y tu poder que no hay quien pueda resistirte! ¿No fuiste tú, Dios nuestro, quien a los ojos de tu pueblo Israel expulsó a los habitantes de esta tierra? ¿Y no fuiste tú quien les dio para siempre esta tierra a los descendientes de tu amigo Abraham? Ellos la habitaron y construyeron un santuario en tu honor, diciendo: "Cuando nos sobrevenga una calamidad, o un castigo por medio de la espada, o la peste o el hambre, si nos congregamos ante ti, en este templo donde habitas, y clamamos a ti en medio de nuestra aflicción, tú nos escucharás y nos salvarás".

»Cuando Israel salió de Egipto, tú no le permitiste que invadiera a los amonitas, ni a los moabitas ni a los del monte de Seír, sino que lo enviaste por otro camino para que no destruyera a esas naciones. ¡Mira cómo nos pagan ahora, viniendo a arrojarnos de la tierra que tú nos diste como herencia! Dios nuestro, ¿acaso no vas a dictar sentencia contra ellos? Nosotros no podemos oponernos a esa gran multitud que viene a atacarnos. ¡No sabemos qué hacer! ¡En ti hemos puesto nuestra esperanza!»

Todos los hombres de Judá estaban de pie delante del SEÑOR, junto con sus mujeres y sus hijos, aun los más pequeños. Entonces el Espíritu del SEÑOR vino sobre Jahaziel, hijo de Zacarías y descendiente en línea directa de Benaías, Jeyel y Matanías. Este último era un levita de los hijos de Asaf que se encontraba en la asamblea. Y dijo Jahaziel: «Escuchen, habitantes de Judá y de Jerusalén, y escuche también Su Majestad. Así dice el SEÑOR: "No tengan miedo ni se acobarden cuando vean ese gran ejército, porque la batalla no es de ustedes sino mía. Mañana, cuando ellos suban por la cuesta de Sis, ustedes saldrán contra ellos y los encontrarán junto al arroyo, frente al desierto de Jeruel. Pero ustedes no tendrán que intervenir en esta batalla. Simplemente, quédense quietos en sus puestos, para que vean la salvación que el SEÑOR les dará. ¡Habitantes de Judá y de Jerusalén, no tengan miedo ni se acobarden! Salgan mañana contra ellos, porque yo, el SEÑOR, estaré con ustedes"».

Josafat y todos los habitantes de Judá y de Jerusalén se postraron rostro en tierra y adoraron al SEÑOR, y los levitas de los hijos de Coat y de Coré se pusieron de pie para alabar al SEÑOR a voz en cuello.

Al día siguiente, madrugaron y fueron al desierto de Tecoa. Mientras avanzaban, Josafat se detuvo y dijo: «Habitantes de Judá y de Jerusalén, escúchenme: ¡Confíen en el SEÑOR, y serán librados! ¡Confíen en sus profetas, y tendrán éxito!»

Después de consultar con el pueblo, Josafat designó a los que irían al frente del ejército para cantar al SEÑOR y alabar el esplendor de su santidad con el cántico: «Den gracias al SEÑOR; su gran amor perdura para siempre».

Tan pronto como empezaron a entonar este cántico de alabanza, el SEÑOR puso emboscadas contra los amonitas, los moabitas y los del monte de Seír que habían venido contra Judá, y los derrotó. De hecho, los amonitas y los moabitas atacaron a los habitantes de los montes de Seír y los mataron hasta aniquilarlos. Luego de exterminar a los habitantes de Seír, ellos mismos se atacaron y se mataron unos a otros.

Cuando los hombres de Judá llegaron a la torre del desierto para ver el gran ejército enemigo, no vieron sino los cadáveres que yacían en tierra. ¡Ninguno había escapado con vida! Entonces Josafat y su gente fueron para apoderarse

del botín, y entre los cadáveres encontraron muchas rique-
zas, vestidos y joyas preciosas. Cada uno se apoderó de todo
lo que quiso, hasta más no poder. Era tanto el botín, que
tardaron tres días en recogerlo. El cuarto día se congrega-
ron en el valle de Beracá, y alabaron al SEÑOR; por eso
llamaron a ese lugar el valle de Beracá, nombre con el que
hasta hoy se le conoce.

Más tarde, todos los de Judá y Jerusalén, con Josafat a
la cabeza, regresaron a Jerusalén llenos de gozo porque el
SEÑOR los había librado de sus enemigos. Al llegar, entraron
en el templo del SEÑOR al son de arpas, liras y trompetas.

Al oír las naciones de la tierra cómo el SEÑOR había
peleado contra los enemigos de Israel, el temor de Dios se
apoderó de ellas. Por lo tanto, el reinado de Josafat disfrutó
de tranquilidad, y Dios le dio paz por todas partes.

2 CRÓNICAS 20:1-30

1

Solo un día común
y corriente

*Alguien fue a informarle: «Del otro lado
del Mar Muerto y de Edom viene
contra ti una gran multitud...».*

2 CRÓNICAS 20:2

Cuando Josafat se levantó esa mañana, no había nada en su libro de citas acerca de una crisis para definir la vida. Por eficientes que fueran sus asistentes y secretarios, no había mención del acontecimiento que marcaría su vida para siempre.

¿Puedes visualizar ese día, el día que Josafat recordaría por el resto de su vida?

El amanecer llegó brillante y claro. Él salió de su cama, se estiró y caminó arrastrando los pies hacia su rutina matinal. Después se bañó y se vistió, era el tiempo para sus oraciones de la mañana. Es probable que se arrodillara delante de una ventana abierta como lo haría Daniel unos siglos después. Es fácil de imaginarlo orando algo así:

13

Soberano Señor, Dios de mi tataratatarabuelo David, yo pertenezco a ti. Te busco en este nuevo amanecer para que me des fuerza, sabiduría y gracia a fin de guiar al pueblo de tu pacto. Dependo de ti, el único Todopoderoso. Guárdame de descuidar mi vigilancia, como mi tatarabuelo Salomón despreocupó su vigilancia para su propio mal y el perjuicio de tu pueblo. Guárdame de presunción, como mi bisabuelo Roboán presumió contra ti, para la división de la nación. Guárdame del orgullo, como mi padre Asá que fue demasiado orgulloso para buscarte en sus enfermedades y murió. Ah, Soberano Señor, mientras mi día se despliega como un rollo, poco a poco, momento a momento, concédele a tu siervo discernimiento para hacer las decisiones que te agraden y bendigan a tu pueblo, las ovejas de tu prado. Amén.

Un ayudante se paró con discreción en la habitación cuando el rey se levantó de sus rodillas. Con voz queda de un siervo de confianza le dio las nuevas de la mañana... había muy pocas. Ningún inconveniente ocurrió en la noche. Ningún mensajero arribó con noticias, ni buenas ni malas. Jerusalén había estado tranquila, aparte de unas pocas discusiones domésticas y uno o dos burros que se escaparon.

Cuando Josafat mordisqueaba sus higos y granadas, el ayudante le dio un breve informe sobre los últimos partes y correspondencia de jefes extranjeros, de los embajadores de Judá, de los jueces que nombró en las ciudades y de los capitanes en el campo. La unidad del ejército para la erradicación de los ídolos continuaba su paso, erradicando todo vestigio de idolatría y los altares en los lugares altos a través de la tierra. El viaje durante la noche del rey a Bet Semes aún estaba en buen camino: La seguridad estaba en el lugar y el juez de la ciudad y el comandante del ejército sobre la frontera de Filistea esperaban con ansias las reuniones.

Era solo un día común y corriente.

¿O no era así?

En realidad, no había en modo alguno nada común y corriente en ese día. Antes que el sol avanzara a través del cielo azul de Jerusalén, Josafat estaba absorto tratando de captar las más estremecedoras y temibles noticias que puede recibir un rey.

¿Cómo respondería él? ¿Cómo responderías *tú*?

PRINCIPIO #1:

Camina preparado cada día...
uno nunca sabe cuándo vienen los edomitas.

Recuerdo un día común y corriente en mi propia vida, hace varios años. Estaba en mi oficina siguiendo todas esas rutinas normales. Las había hecho miles de veces en mis años de ministerio. Me sentía bien y fuerte, hasta entonces, siempre me había sentido bien y fuerte. Bendecido con un cuerpo atlético y una constitución de hierro, era difícil que supiera que iba a estar enfermo.

Un examen físico completo solo unos pocos días antes había confirmado una vez más ese obvio hecho. Estaba en condiciones y saludable. ¿Por qué, entonces, estaba mi secretaria diciéndome que mi doctor estaba en el teléfono?

«Es acerca de uno de tus análisis de sangre, Ron», me dijo. «Tengo algunas preocupaciones que me gustaría discutir contigo. ¿Puedes venir... ahora mismo?»

Ahora bien, eso era extraño. ¿Acerca de qué era todo esto? Le dije a mi secretaria que iba a estar fuera un par de horas y me encaminé a la puerta. Ya tenía planes de encontrarme con mi esposa, Joyce, y reunirnos con otra pareja para almorzar en el centro comercial.

El doctor me invitó a entrar en su oficina y me pidió que me sentara. No me estaba gustando la manera en que esta reunión parecía estar perfilándose. No me estaba gustando el aspecto de su cara.

«Ron», dijo, «las noticias no son buenas. Tienes leucemia».

Comenzó a explicarme este cáncer de la sangre, pero en realidad no era necesario. Un pastor amigo mío de Minneapolis acababa de morir de la enfermedad; no daba crédito a que yo la tenía.

Me encontré con Joyce en las afueras del centro comercial y brevemente le dije las noticias. Nosotros ni siquiera tuvimos tiempo de absorber el choque ni hablar acerca de esto antes de encontrarnos con nuestros amigos. ¡Qué fuera de lo común se volvió un almuerzo! Nos sentamos con nuestros amigos y conversamos de todas las cosas triviales y alegres, que uno espera charlar con amigos en un almuerzo, aunque era como si Joyce y yo estuviéramos en piloto automático. Dijimos las cosas previstas y sonreímos en los momentos esperados. De algún modo, tal parecía que la conversación venía de muy lejos.

¡Leucemia!

Solo que pronto, *todo* cambió. De repente, cada uno de nuestros planes, sueños y expectativas se pusieron en espera. ¿Sería capaz de continuar en el ministerio? ¿Viviría el año? ¿Vería a mis hijos graduarse del instituto? ¿Vería a mis propios nietos? ¿Era adecuado mi seguro de vida? Miles de preguntas cruzaron por mi mente y las respuestas eran difíciles de encontrar.

«Alguien fue a informarle: "Del otro lado del Mar Muerto y de Edom viene contra ti una gran multitud. Ahora están en Jazezón Tamar, es decir, en Engadi».

Más veces de las que soy capaz de numerar en los últimos veintiocho años, he tenido la oportunidad de estar junto a alguien en nuestro gran rebaño de Beaverton que ha recibido aplastantes e inesperadas noticias. He visto cada reacción que es posible imaginar: furia, desesperación, llanto, terror y pasmoso silencio.

«Viene contra ti una gran multitud».

También he visto a los que experimentan las emociones del temor o la pena, pero que se vuelven casi de inmediato al Señor.

Eso fue lo que hizo el rey Josafat en un día común y corriente cuando el claro cielo azul de repente colapsó y le cayó encima. Eso fue lo que hicieron también Ron y Joyce Mehl, cuando la tierra se tambaleó a nuestros pies y cada pensamiento de la vida normal se fue por la ventana, para nunca regresar.

El camino en la gracia y la misericordia

Atemorizado, Josafat decidió consultar al SEÑOR.

2 CRÓNICAS 20:3

Tú y yo somos criaturas de tiempo. Incluso los más sabios, brillantes y con mayor perspicacia entre nosotros son incapaces de ver más allá del momento presente. A pesar de toda la ingeniosidad técnica de nuestros científicos e inventores, ninguno ha encontrado un camino a fin de mirar siquiera dos segundos dentro del futuro. Como escribió Santiago: «¡Y eso que ni siquiera saben qué sucederá mañana! ¿Qué es su vida?» (Santiago 4:14).

Cuando abrimos nuestros ojos cada mañana, no tenemos idea de lo que nos va a traer las próximas veinticuatro horas. Cuando estaba en el Instituto Bíblico, recuerdo a un profesor con una reputación de aparecer de repente y poner exámenes en la clase. Esas cosas eran un crimen. Uno nunca tenía la opción de esperar hasta dos o tres días antes de los grandes exámenes de a mediado de trimestre y final para atiborrarse la cabeza con todos los datos. Se sabía que en cualquier día uno entraría en la clase y se encontraría mirando con fijeza un examen, probando los conocimientos de cada lectura en el libro de texto y de todo lo que se había abarcado en clase hasta ese momento.

¿Cuán injusto puede volverse uno? Tenía que estudiar *cada noche* para el chico de esta clase. Todos los días tenía que tomar notas, leer las tareas y revisar el material, o me quedaba corto en el momento de la prueba.

Josafat descubrió que estaba con la vista fija en la mayor prueba de su vida y no tenía tiempo para prepararse, revisar sus notas, leer de prisa el texto, ni de recopilar sus pensamientos.

El enemigo estaba en el umbral de su puerta.

El tatarabuelo de Josafat, Salomón, escribió una vez: «Si eres débil en día de angustia, tu fuerza es limitada» (Proverbios 24:10, LBLA). Sin embargo, ¿cuándo es el día de la angustia? ¿Cuándo vendrá? ¿Habrá alguna advertencia? ¿Alguna premonición? El rey Josafat no tuvo noticias por adelantado, y cuando el problema golpeó su vida, fue presa del temor. Lo estremeció hasta lo profundo. Debe haberlo sentido como un puñetazo en el estómago.

Se tambaleó. Gimió. Sin embargo, no se debilitó.

Por el contrario, se volvió de inmediato al Dios de sus padres y derramó su corazón.

¿Qué evitó que Josafat desfalleciera en el día de la prueba? ¿Qué impidió que se elevara en un terror ciego o cayera en una insondable desesperación? ¿Cómo fue capaz de volverse al Señor de la manera que lo hizo y confiarle a Dios estas temibles noticias?

El secreto de Josafat era sencillo. Cuando llegó el momento de correr al Señor por ayuda, no fue muy lejos. A decir verdad, andaba con Dios cada día. Cuando el mensajero irrumpió en la corte del rey con sus terribles noticias, Josafat no tuvo que revolver por los alrededores buscando el número del teléfono del Señor: *¿Dónde dejé esta vez esa cosa? ¿Estaba en mi vieja libreta de direcciones? ¿No lo guardé en una nota que puse arriba en la gaveta? ¿No lo vi en una nota que pegué en el refrigerador?*

PRINCIPIO #2:

Dispón el rumbo de tu corazón cada mañana... prepara tu mente para seguir al Señor.

Es probable que el Señor y Josafat ya hubieran tenido una conversación ese día... quizá en esa misma hora. Era del todo natural para el rey volverse a Dios en este momento de temor y angustia. Imagínate que vas caminando con Jesucristo por la carretera. De repente, un león salta de los arbustos y se enfrenta a ti. ¿Qué haces? Por instinto, te aferras al brazo del Señor y gritas: «¡Jesús, ayúdame!».

No tienes que hacer una cita para ver un consejero y no tienes que revisar un libro en la biblioteca sobre cómo controlar el temor porque el mismo Jesús está justo a tu lado y has estado conversando con Él toda la mañana. Mientras más tiempo te quedes conversando con el Señor a través del día, más «disponible» lo encontrarás cuando corras de prisa a Él en una prueba. Mientras más estudies, leas y medites en su Palabra, más cerca estarán de tu corazón esas palabras cuando caigas en una crisis.

¿Cómo sabemos que Josafat caminó con Dios? La evidencia está allí en la Escritura. Segundo de Crónicas 17 nos dice que «el SEÑOR estuvo con Josafat porque anduvo en los primeros caminos de su [tatara-tatarabuelo] David y no buscó a los baales, sino que buscó al Dios de su padre, anduvo en sus mandamientos» (vv. 3-4, LBLA).

Sin duda, el rey cometió un terrible error de sentido común cuando se alió, tanto en lo militar como en lo del matrimonio, con el malvado rey Acab de Israel. Sin embargo, aun cuando fue a la batalla al lado de Acab y los capitanes de los carros enemigos lo rodearon, «Josafat gritó, y Dios el SEÑOR lo ayudó» (2 Crónicas 18:31).

Al regresar a Jerusalén, el rey sintió el aguijón de la represión del Señor por esa tonta decisión, y su familia cosecharía terribles consecuencias en los años siguientes. A pesar de todo, el profeta Jehú le dijo: «hay cosas buenas a tu favor, pues has quitado del país las imágenes de la diosa Aserá, y has buscado a Dios de todo corazón» (2 Crónicas 19:3).

La Biblia de las Américas traduce así ese último versículo: «*[Tú] has dispuesto tu corazón para buscar a Dios*». A esos que disponen su corazón para buscar a Dios no les hacen falta buscar su dirección en el día de tribulación. Los que cultivan la presencia de Dios como un hábito diario de la vida no tienen que comenzar a revolver las cosas cuando más necesitan de Él.

La Biblia dice: «Buscad al SEÑOR y su fortaleza; buscad su rostro *continuamente*» (Salmo 105:4, LBLA, cursiva añadida). En otras palabras, debemos buscar la fortaleza del Señor cada día y en cada hora del día, no solo cuando nos encontremos en problemas o peligro.

Su fortaleza está siempre allí, por supuesto, y al alcance de sus hijos. No obstante, si hemos permitido que el desorden se acumule en nuestra relación con Dios, si hemos permitido que la vida y la sensación del pulso de su realidad en nuestra vida se disipen, nuestra fe puede ser muy pequeña en el tiempo cuando más necesitamos de esta.

En cierta ocasión, un amigo me habló sobre un muchachito de Oklahoma llamado Billy, el cual tenía el síndrome de Down. Un día Billy visitó una pequeña iglesia del pueblo con el hijo del pastor, quien se había hecho amigo de él. Cuando el pastor dijo: «¿Hay alguien aquí que quiere entregar su vida a Jesús?», Billy enseguida levantó su mano.

A partir de ese momento, Billy asistía cada domingo, escogiendo el segundo banco como su sitio designado. Y si a uno se le ocurría llegar allí primero y sentarse en ese banco, él se le sentaba a uno en el regazo.

A veces, durante la adoración, Dios movía el corazón de Billy, y él levantaba sus manos, sus ojos se llenaban de lágrimas y estas le corrían por sus mejillas. Más o menos a los cinco minutos, Dios movería a otros en la congregación. Al parecer, siempre que Dios comenzaba a tocar los corazones de las personas en esa pequeña iglesia, Billy era el primero en sentir su presencia. Otros le seguirían después.

Tras contarme esa historia, mi amigo especuló que Billy no tenía muchas cosas acumuladas en su vida. Cuando el Espíritu Santo comenzaba a tocar a las personas, Billy estaba dispuesto; nada impedía su respuesta.

¿Por qué nos resulta tan difícil escuchar algunas veces a Dios? Porque demasiado a menudo nuestras vidas están atestadas con los desvelos, las inquietudes, las preocupaciones y los ruidos, que Dios no puede llegar a nosotros. Sin embargo, Billy era un sencillo joven y el Señor tenía acceso inmediato a su corazón.

En la Carta a los Hebreos encontramos esta poderosa invitación:

> Así que acerquémonos confiadamente al trono de la gracia para recibir misericordia y hallar la gracia que nos ayude en el momento que más la necesitemos. (Hebreos 4:16)

Creo que hay un par de maneras para considerar este versículo. Sí, es indudable que puedo correr al trono de la gracia cuando estoy en problemas y en tiempos de necesidad. Aun así, en un sentido incluso más profundo escucho decir a este versículo: «¿Por qué no andas y hablas con Dios cada día y almacenas alguna gracia y misericordia? Entonces, en el tiempo de tu gran problema y temor, ya sabrás y experimentarás el agarre de su fuerte mano».

PRINCIPIO #3:
Bebe a fondo cada día...
de la fuente de misericordia y gracia de Dios.

La vida es imprevisible. Los retos son inevitables. Veo que este versículo nos insta a venir con audacia una y otra vez al trono de la gracia, manteniendo lleno nuestro tanque de misericordia y gracia, *porque uno nunca sabe cuándo lo necesitaremos con urgencia.*

Te daré un pequeño secreto. Mientras más edad tengo, más deseo *vivir* en el trono de la gracia y la misericordia de Dios. Quiero armar la tienda y levantar el campamento allí mismo. Quiero pasar mi vida en ese lugar. Puedo estar predicando, aconsejando, escribiendo o pasando tiempo con mi familia, pero quiero mantener al menos un pie, una parte de mi corazón y mi alma, ante ese trono donde fluye la gracia. Quiero vivir con una profunda y permanente confianza en Dios, porque lo conozco a Él y Él me conoce a mí, y no soy un extraño en sus atrios. Quiero ser capaz de mirar al enemigo a los ojos y decir: «Sé con quién y con qué estoy tratando, y sé que mi Dios es más grande que cualquier cosa que tú puedas lanzarme. Ya he estado antes en el trono de la gracia y estoy familiarizado con la misericordia del Señor y su poder».

He aprendido que la confianza en Dios siempre nos da valor delante de nuestro enemigo.

3

Verdades acerca
de las pruebas

Después de esto...

2 CRÓNICAS 20:1

Cuando pienso en el grito por misericordia de Josafat en ese día que no tenía nada de común y corriente, recuerdo tres principios que se abren paso a través de las páginas de la Biblia.

1. *Puedes planear en las pruebas de Dios.*

En su libro *The Road Less Traveled* [El camino menos transitado], M. Scott Peck expresa esta idea: «Una vez que sabemos en verdad que la vida es difícil, una vez que en verdad lo comprendemos y aceptamos, la vida deja de ser difícil»[1]. Lo mismo sucede con la vida del cristiano. La Escritura nos asegura una y otra vez que experimentaremos aflicciones y pruebas en la vida, circunstancias difíciles permitidas por la mano de nuestro Padre.

En Juan 16:33, Jesús les dijo a sus discípulos: «En este mundo afrontarán aflicciones, pero ¡anímense! Yo he vencido al mundo». David nos asegura que «muchas son las angustias del justo, pero el Señor lo librará de todas ellas» (Salmo 34:19). Los pasajes como Romanos 5:3 y Santiago 1:2 dan por sentado que las pruebas serán parte de nuestra vida... y nos enseñan cómo responder.

Una vez que sabes y aceptas el hecho de que los tiempos dolorosos y las situaciones difíciles son parte esencial de la vida cristiana, que tampoco son extraños ni fuera de lo normal, el camino que tenemos delante llega a ser más fácil. *Por supuesto* que tendré pruebas en mi vida. *Por supuesto* que experimentaré pruebas y dificultades, junto con el resto de la humanidad. No obstante, si mi Padre ha permitido que las pruebas toquen mi vida, Él me va a mostrar qué hacer y estará allí conmigo a lo largo de todo el camino. Me liberará en mis presiones y angustias y a través de ellas.

2. *Necesitas preparar tu corazón AHORA para las pruebas inevitables.*

Josafat preparó su corazón para buscar a Dios (2 Crónicas 19:3). Esa palabra *preparar* puede significar también *arreglar* o *sujetar*. La Escritura también dice que el

corazón del rey «se entusiasmó en los caminos del
SEÑOR» (2 Crónicas 17:6).

Nadie puede estar preparado por completo para las
noticias devastadoras. Cuando escuchas que un inmenso ejército está marchando hacia ti, cuando escuchas que tienes una enfermedad mortal en tu torrente
sanguíneo, cuando escuchas que el avión de tu mejor
amigo está perdido, esas noticias te dejarán estupe-
facto. No obstante, si tu corazón está arreglado y sujetado
en la fidelidad de Dios, y si cada día te entusiasmas en su
presencia, su Espíritu y su Palabra, esas pruebas no te
aplastarán. Serás capaz de volverte de inmediato a Dios
por ayuda... ¡y la encontrarás!

3. *Cuando vengan las pruebas, céntrate en las promesas de
Dios.*

En esta historia, eso fue lo que pasó con exactitud.
Josafat no lloró ni se lamentó delante del Señor, de inmediato se centró en las promesas de la Palabra de
Dios. La fe no exige explicaciones de Dios, sino des-
cansa en sus promesas.

Cuando me reúno con personas que están en crisis,
a menudo les sugiero que hagan tres cosas: quédense
solos, aprópiense de una promesa y tómensela en serio.
En otras palabras, basen sus oraciones por liberación y

ayuda en la inmutable Palabra de Dios. Aférrense a Dios y sus promesas y no miren hacia atrás ni se suelten.

Segundo de Crónicas comienza con las palabras *Después de esto...*

Y cada buen estudiante de la Biblia hace la pregunta: «¿Después de *qué?*».

Después de varias cosas y la mayoría de ellas buenas. La vida de Josafat se malogró cuando tontamente se fue a guerrear al lado del malvado rey Acab. Después de un cercano encuentro con la muerte y una severa reprensión del profeta Jehú, Josafat tomó en serio su andar con Dios y decidió buscar al Señor con todo su corazón. Nombró hombres piadosos como jueces a través de toda la tierra, y procuró volver el corazón del pueblo hacia el Dios de David.

Y después de todos esos nobles esfuerzos, después de todas esas buenas obras, después de este positivo y encomiable comienzo... ¡le cayó el cielo encima! Muchas veces ese es el patrón en la Escritura. Después de grandes bendiciones viene la prueba.

Después que Josué y el ejército de Israel experimentaron una asombrosa victoria en Jericó, cayeron sobre sus rostros y sufrieron las humillantes bajas en un pequeño y apartado pueblo llamado Hai.

A Jesús también le pasó después de su bautizo en el Jordán. El cielo se abrió, el Espíritu Santo descendió sobre Él y el Padre declaró su amor por Él con poderosas palabras que tronaron a través de todo el entorno.

Y luego... ¿tuvo tiempo de saborear esas palabras? ¿Consiguió unas pocas semanas doradas a fin de disfrutar esa nueva etapa de la vida? No. Las palabras del Padre apenas acababan de hacer eco a través del valle del Jordán cuando «el Espíritu lo impulsó a ir al desierto, y allí fue tentado por Satanás durante cuarenta días» (Marcos 1:12-13).

Los discípulos simplemente experimentaron el júbilo de participar en un sorprendente milagro: la alimentación de cinco mil hombres con el almuerzo de un muchacho. Escucharon a la multitud gritar: «En verdad este es el profeta, el que ha de venir al mundo» (Juan 6:14). Debe haber sido un culminante y muy feliz momento para esos hombres que lo dejaron todo por seguir al Maestro de Galilea.

Sin embargo, solo unas pocas horas después, se vieron remando por sus vidas en una tormenta, en el mar, en la noche... ¿y dónde estaba Jesús?

Estoy por creer que el radar de Satanás detecta las bendiciones de Dios en la vida de sus hijos. Y solo cuando ese creyente comienza a sentir seguridad y confianza, entra en acción a fin de poner a prueba a esa persona, con la esperanza de agarrar desprevenido a uno de los niños de Dios.

Si tú has experimentado una etapa de ministerio eficaz, paz de corazón y múltiples bendiciones, ¡gracias a Dios! Regocíjate en esas cosas buenas. Puedes decir con el apóstol Pablo: «Sé lo que es vivir en la pobreza, y lo que es vivir en la abundancia» (Filipenses 4:12). Aun así, comprende que un período de reto y prueba quizá caiga en tu vida en cualquier momento. ¡Prepárate!

1. M. Scott Peck, *The Road Less Traveled*, Touchstone, Nueva York, 1980, p. 15.

4

¿Las realidades... o la VERDAD?

«SEÑOR, Dios de nuestros antepasados, ¿no eres tú el Dios del cielo, y el que gobierna a todas las naciones? ¡Es tal tu fuerza y tu poder que no hay quien pueda resistirte!»

2 CRÓNICAS 20:6

Josafat no tenía razón para dudar de sus mensajeros. No había constancia de que hubiera malgastado tiempo en contradicciones tontas. *«Esperen un minuto. ¿Están completamente seguros de que en sí vieron una fuerza de invasión? ¡Vamos! ¿Es cierto? ¿Estaban lo bastante cerca para ver con seguridad que eran soldados? ¿Vieron armas? ¿Armaduras? ¿Están seguros de que era una cuestión de "una gran multitud"? A veces la luz y las sombras quizá les hagan triquiñuelas a los ojos de los compañeros. A lo mejor fue solo algún tipo de caravana que se encaminaba hacia Siria. Tal vez fue un rebaño de ciervos que emigraba».*

Josafat enseguida aceptó las realidades a medida que se las ponían delante... por terribles que ellas fueran.

Comprendió y admitió que un inmenso ejército de poderes hostiles y aliados se extendía hacia el este, subía por el extremo sur del Mar Muerto y ahora incluso marchaba por el norte hacia Jerusalén.

Reconoció las realidades. Sin embargo, también sabía que las realidades no lo eran todo.

¿Cuáles son a veces las realidades para las personas?

La realidad es: tu matrimonio está en muy serios problemas.

La realidad es: te estás encaminando hacia la bancarrota.

La realidad es: tu ministerio no va a ninguna parte.

La realidad es: tienes un grave problema de salud y los doctores no albergan mucha esperanza.

La realidad es: tus chicos le han dado las espaldas a lo que les has enseñado y se han alejado del Señor.

La realidad es: tu subsidio por desempleo está a punto de terminar y no puedes encontrar trabajo en ninguna parte.

Sí, no cabe duda que hay dificultades y realidades retadoras que tú y yo necesitamos enfrentar cada día de nuestra vida. Y si uno no toma en cuenta a Dios, quizá tenga las realidades, pero no tendrá la verdad. Es por eso que Dios nos da su Palabra, a fin de que estemos firmes en sus promesas ante abrumadoras circunstancias.

Las realidades quizá digan que estás en un gran peligro o que hay poca esperanza para tu vida... tu matrimonio... tus hijos... tu ministerio. Sin embargo, la *verdad* es que Dios dice: «Nada es imposible para mí». Casi toda persona razonable es capaz de echar un vistazo y ver que hay un gran problema o dificultad. Aun así, hace falta otro tipo de persona que en realidad vea la verdad de Dios, vea lo que ha prometido Dios.

Por favor, recuerda esto: *Hay momentos en la vida cuando las realidades no están en línea con la verdad.* Lo que tus ojos, oídos y lógica están gritando en ti quizá no sea de ninguna manera la verdad. Es más, si has dejado fuera a Dios de tus deliberaciones, *no* es la verdad. Las páginas de la Escritura están llenas de hombres y mujeres que enfrentaron las realidades al desnudo de su situación, luego vieron más allá de las realidades hacia un todopoderoso y soberano Dios que es mayor que cualquier situación o circunstancia.

Sin duda, Josafat tenía los datos sobre los ejércitos invasores. Vio la desesperada situación y estaba temeroso.

PRINCIPIO #4:

Mira más allá de las realidades...
hasta que veas la Verdad.

¡Por supuesto que lo estaba! Sin embargo, antes de que el temor lo inmovilizara, antes que el terror convirtiera sus huesos en una gelatina, rápidamente llenó sus ojos con Dios y su mente con las promesas de Él. Las personas que experimentarán milagros en sus vidas son las que miran las realidades de sus circunstancias y ven al Señor.

Me encanta la manera en que el rey se acercó a Dios en su oración; comenzó a recitar la verdad del pasado al Dios de la verdad. En el versículo 6 de 2 Crónicas 20, dice:

> «SEÑOR, Dios de nuestros antepasados, ¿no eres tú el Dios del cielo, y el que gobierna a todas las naciones? ¡Es tal tu fuerza y tu poder que no hay quien pueda resistirte!»

En otras palabras: *«¿No eres tú el Dios que gobierna todas las cosas?»*. Josafat recuerda quién es Dios: que es el gobernador, el soberano y el todopoderoso. Está diciendo: «Señor, tú eres el único que tienes todo a tu cargo. No hay nada demasiado difícil para ti».

Las oraciones del Antiguo Testamento son poderosas porque no comienzan con el problema ni la necesidad. Por el contrario, comienzan centrándose en el carácter y los atributos de nuestro asombroso Dios. Esas

Caracterist.

son oraciones centradas en las promesas antes que oraciones centradas en los problemas. ¿Alguna vez has orado de esa manera en una crisis de la vida? ¿Alguna vez has pasado los primeros cinco minutos de tu oración solo repasando lo que sabes de Dios, su amor, su misericordia, su ternura, su sabiduría, su soberano poder? Puedo decirte esto: Cuando llegue el momento de mencionar tus heridas, necesidades y temores, estos no parecerán tan perturbadores.

En el versículo 7, Josafat continuó orando:

> «¿No fuiste tú, Dios nuestro, quien a los ojos de tu pueblo Israel expulsó a los habitantes de esta tierra? ¿Y no fuiste tú quien les dio para siempre esta tierra a los descendientes de tu amigo Abraham?»

En otras palabras: «*¿No eres tú el Dios que nos libró antes?*». Después que has reflexionado en la persona y el carácter de Dios, es bueno recordar una pequeña historia.

Historia

> «¿No eres tú el mismo Dios que derrumbó las murallas de Jericó? ¿No eres tú el mismo Señor que detuvo el sol y la luna en sus órbitas de modo que el ejército de Josué ganara el día contra sus enemigos? ¿No eres el mismo Todopoderoso que aplastó los ejércitos de Madián ante Gedeón y una pequeña banda de trescientos hombres?»

¡No olvides a quién le estás orando! No olvides que tu Padre celestial no cambia como las cambiantes sombras. No olvides que Jesucristo es el mismo ayer, hoy y por los siglos. Él ha liberado a las personas de terribles situaciones durante miles de años. La liberación de las personas en grandes crisis no es algo nuevo para Dios. ¡Tú no eres su primer cliente!

En el versículo 9 el rey le recordó al Señor las palabras que Salomón oró en la dedicación del templo:

«Cuando nos sobrevenga una calamidad, o un castigo por medio de la espada, o la peste o el hambre, si nos congregamos ante ti, en este templo donde habitas, y clamamos a ti en medio de nuestra aflicción, tú nos escucharás y nos salvarás».

En otras palabras: «*¿No eres tú el Dios que responde a nuestro clamor?*». Hay una oración que al parecer siempre capta la atención de Dios. Es el clamor del corazón de su pueblo. El más poderoso tipo de oración no tiene nada de estilo, refinamiento, técnica ni una particular disposición de impresionantes y sonoras palabras. Es simplemente un hijo de Dios clamando al cielo. Sé lo que es sentirme tan cargado que todo lo que puedo hacer es clamar a Dios con gemidos profundos. Sin embargo, no soy el primero que ha derramado su corazón a Dios, clamando en angustia, temor y gran necesidad, y encontrándolo fiel. Al igual que el clamor de angustia de un bebé gana la inmediata atención de su madre, del mismo modo los hombres y las mujeres a través de las páginas de la Biblia clamaron a su Padre celestial. Y él inclinó su oído a su voz, moviendo cielo y tierra para suplir sus necesidades. El gemido y el clamor a Dios es un lenguaje que Él comprende con facilidad (Romanos 8:26-27).

En el versículo 12, el rey comienza a dar fin a su oración con estas palabras: «Dios nuestro, ¿acaso no vas a dictar sentencia contra ellos?».

En otras palabras: «¿No eres tú el Dios que de nuevo quiere obrar a favor de tu pueblo, Señor? ¿No eres el Dios que quiere librarnos por la gloria de tu gran nombre? ¿No nos mostrarías el mismo poderío que le mostraste a tu pueblo hace tanto tiempo?».

Este es el tipo de oración que mueve el cielo: donde tú recuerdas lo que es Dios y lo que Él ha hecho, e invitas a este mismo Dios, este Dios de poder, maravilla y compasión, a entrar en tu situación y a ser determinante en tu vida. No es como si Dios necesitara recordar quién es Él, ni lo que ha hecho; ¡es algo que recuerdo para mí! Yo soy el único que necesito recordar. Y al hacerlo, comenzaré a orar con fe y gozo.

Por último, Josafat oró:

«Nosotros no podemos oponernos a esa gran multitud que viene a atacarnos. ¡No sabemos qué hacer! ¡En ti hemos puesto nuestra esperanza!»

Esta es una oración humilde. Es la oración de un hombre que está completamente abrumado, vencido, que no comprende... ni tiene voluntad para admitirlo. Cuando tú estás demasiado presionado, cuando estás devastado por las circunstancias, ya sea leucemia, un fracaso matrimonial, desempleo o problemas de cualquier tipo, recuerda las palabras de Pedro: «Dios se opone a los orgullosos, pero da gracia a los humildes» (1 Pedro 5:5).

Ser humilde significa darse cuenta y reconocer quiénes somos en realidad... y quién es Dios. Es admitir de forma voluntaria nuestra inmensa incompetencia delante del Único que es del todo competente para suplir cada necesidad.

Creo que esta es una de las razones por las que el Señor ha sido tan misericordioso conmigo a través de los años. Nunca me ha dado vergüenza decirle a Él, ni a ninguna otra persona, que estoy en algo que no comprendo. Ya ves, nunca tengo que preocuparme por «quedar al descubierto» y que la gente tenga que descubrir que Ron Mehl es incompetente y que no está a su altura. ¡Se los digo de frente! Les digo desde el principio que Dios es en verdad mi fuerza, mi sabiduría y mi ayuda. Le digo a todo el mundo que a menos que el Señor intervenga por mí, a menos que Él me dé el poder y me conceda el discernimiento, la perseverancia y la paciencia, fracasaría de plano.

Quizá Josafat había aprendido muy bien a clamar a Dios por su propio padre, el rey Asá. Sin duda sabía la historia de cómo Asá y el ejército de Judá se enfrentaron a Zera el cusita, con un ejército de un millón de soldados y trescientos carros en la vanguardia.

Asá sabía cómo contar. Sabía que lo superaban ampliamente en armamento y número. Los simples hechos decían que estaba liquidado, y todo Judá con él. Sin embargo, el rey clamó a Dios que era más grande que las realidades: «Señor, solo tú puedes ayudar al débil y al poderoso. ¡Ayúdanos, Señor y Dios nuestro, porque en ti confiamos, y en tu nombre hemos venido contra esta multitud! ¡Tú, Señor, eres nuestro Dios! ¡No permitas que ningún mortal se alce contra ti!» (2 Crónicas 14:11).

Ningún estratega militar en el mundo sería capaz de explicar lo que pasó a continuación. La Biblia nos cuenta que, del inmenso ejército etíope, «ni uno de ellos quedó con vida, porque el Señor y su ejército los aniquilaron» (v. 13).

Volviendo la vista más allá de su padre, Asá, Josafat quizá también se inspiró por la narración bíblica de Abraham y Sara.

> Contra toda esperanza, Abraham creyó y esperó, y de este modo llegó a ser padre de muchas naciones, tal como se le había dicho: «¡Así de numerosa será tu descendencia!» Su fe no flaqueó, aunque reconocía que su cuerpo estaba como muerto, pues ya tenía unos cien años, y que también estaba muerta la matriz de Sara. Ante la promesa de Dios no vaciló como un incrédulo, sino que se reafirmó en su fe y dio gloria a Dios, plenamente convencido de que Dios tenía poder para cumplir lo que había prometido. (Romanos 4:18-21)

¿Las realidades? Pues bien, no tenían nada muy claro. Abraham y Sara ya habían pasado la edad de la paternidad. El cuerpo de Abraham «estaba como muerto» y «también estaba muerta la matriz de Sara».

Esas son las llamadas realidades de la vida, ¿no es cierto?

Abraham enfrentó esas realidades y admitió su exactitud. *Sin embargo, él sabía que las realidades no son siempre igual a la verdad.* «Contra toda esperanza, Abraham creyó». Uno no tiene la verdad hasta que pongamos a Dios en la ecuación, y Dios le había dicho a Abraham que la descendencia de su propio cuerpo sería tan numerosa como las estrellas de los cielos.

Abraham vio las realidades, pero creyó la verdad.

Si tú solo miras las realidades, terminarás desesperado y angustiado. En la época de los antiguos veleros, había un fenómeno en alta mar que los marineros temían más que una gran tempestad con olas gigantescas. A menudo descubrían que navegaban una y otra vez en círculo, día tras día, semana tras semana.

Ha habido ocasiones cuando otros han abordado estos mismos tipos de barcos sin movimiento. En algunos casos descubrieron grandes suministros de alimento y agua, pero una tripulación que murió o se volvió loca en su desesperación.

Hoy en día vivimos en un mundo como ese. Hay personas a nuestro alrededor que andan en círculos, sin esperanzas ni opciones. Andan una y otra vez en las mismas frustraciones, los mismos temores, los mismos hábitos, los mismos pecados, semana tras semana, año tras año. Demasiadas personas conocen las realidades, pero nunca han aprendido la verdad.

Procuramos que nuestros hijos aprendan en la escuela «las realidades», pero con cuidado los protegemos de exponerlos a la verdad. Escuchamos a nuestros científicos y educadores hablar acerca del origen de la vida y del universo, y citar esta y otra parte de los datos. Sin embargo, no le dan lugar al Diseñador de toda la asombrosa majestuosidad y belleza que nos rodea.

En la actualidad, la ciencia y la educación son abundantes en las «realidades», pero trágicamente escasas en la verdad. A menos que incluyan a un todopoderoso y amante Creador en sus ecuaciones y deliberaciones, dejarán teorías débiles y experimentales que en realidad no tendrán sentido ni encajarán.

Josafat consideró las realidades, pero solo en el contexto de la verdad.

Y nosotros debemos hacer lo mismo.

5

¿Qué ves?

«Dios nuestro, ¿acaso no vas a dictar sentencia contra ellos? Nosotros no podemos oponernos a esa gran multitud que viene a atacarnos».

2 CRÓNICAS 20:12

Cuando enfrentas una situación o una dificultad imposible, una atemorizante experiencia, lo primero que tienes que preguntar es: ¿Qué veo?

El mensajero le dijo a Josafat con exactitud lo que estaba enfrentando. Le contó del inmenso ejército de enemigos aliados y dónde los había visto. Sin duda, Josafat tuvo que ver los ejércitos enemigos y acercarse antes al combate; es más, ¡quizá estuvo más cerca de la acción de lo que él hubiera deseado estar! En los ojos de su mente, se imaginaría todo: la masa oscura de la humanidad, las decenas de miles de guerreros de rostros ceñudos que marchan por Jazezón Tamar.

Ese es un cuadro que quemaría tus retinas y no te permitiría ver nada más. Sin embargo, Josafat volvió a propósito sus ojos hacia el cielo. Y cuando tú ves a Dios y comienzas a orar, cambias tu perspectiva. Ves las cosas de manera diferente.

Al recordar las historias de los grandes héroes en la Biblia, siempre me pregunto: *¿Qué vieron ellos?* ¿Qué vio David, quien era apenas un joven adolescente en ese tiempo, cuando se enfrentó a Goliat? ¿Vio blasfemando a un monstruo de casi tres metros y protegido con una coraza... *o vio a un inmenso Dios que hizo parecer a Goliat diminuto?*

¿Qué vio Daniel cuando lo lanzaron al foso de los leones? ¿Vio voraces leones que comen hombres... *o tuvo una vasta visión de su Dios que hizo parecer a los leones como gatitos?*

Es obvio que David, Daniel y Josafat vieron al enemigo. Sin embargo, también vieron a Dios. A fin de que Dios haga algo, es esencial que veas ambas cosas.

La realidad es que, cuando ves a Dios, todas las demás cosas parecen más pequeñas. La situación que enfrentas parece menos intimidante y abrumadora. Las fuerzas superiores que enfrentas no parecen importar tanto. Si te centras en Dios, los obstáculos siempre se empequeñecerán debido a tu cambio de perspectiva. Nuestros problemas y nuestras pruebas quizá nos parezcan inmensos, infranqueables, imponentes, aplastantes, pero son insignificantes para el Dios poderoso del universo.

Jeremías llegó a la misma conclusión. Mirando hacia el cielo, el profeta listo para la batalla exclamó: «¡Ah, Señor mi Dios! Tú, con tu gran fuerza y tu brazo poderoso, has hecho los cielos y la tierra. Para ti no hay nada imposible» (Jeremías 32:17).

No puedo evitar pensar en Eliseo y su siervo, quienes estaban residiendo en la ciudad de Dotán. Una mañana el siervo fue a dar un pequeño paseo afuera... y se llevó la gran sorpresa de su vida.

Entonces, una noche, el rey de Siria envió un gran ejército con muchos carros y caballos que rodearon la ciudad. Cuando el siervo del profeta se levantó al día siguiente temprano y salió al exterior, vio las tropas, los caballos y los carros por todo lugar.

—¡Ay, señor mío!, ¿qué haremos ahora? —lloró ante Eliseo.

—No tengas miedo —le dijo Eliseo—. Nuestro ejército es mucho mayor que el de ellos.

Entonces Eliseo oró:

—Jehová, ábrele los ojos para que vea.

Jehová le abrió los ojos al criado y este vio: ¡estaban rodeados de caballos y carros de fuego! ¡No estaban solos en la montaña! (2 Reyes 6:14-17, LBD)

Las realidades eran indisputables. Eliseo y Guiezi estaban rodeados por completo. Por casi cualquier ficha, eso significaba que se había acabado el juego. Que estaban liquidados. Esos eran las simples realidades. Cualquiera con dos ojos en la cara lo habría visto. No había manera de salir de la ciudad porque el ejército sirio la tenía rodeada por completo. De acuerdo, *¿pero quién estaba rodeando al ejército de Siria?* Guiezi tenía los datos, pero no la verdad. No hasta que Eliseo oró por él: «Jehová, ábrele los ojos». Entonces supo la verdad.

Nuestra oración debería ser siempre: «Señor, he aquí las realidades lo mejor que las puedo ver. Aun así, sé que mi visión es pobre y oscura, y a veces no logro ver nada muy lejos. Señor, abre mis ojos a la verdad. La verdad que está por todas partes encima de las montañas que rodean las realidades».

PRINCIPIO #5:
Recibe bien tu temor...
siempre que te conduzca a tus rodillas.

¿Qué, entonces, haces con tu temor cuando descubres que te enfrentas a oscuras y difíciles circunstancias?

No hay nada malo en estar atemorizado. ¿Quién no se *atemorizaría* de tales noticias? El rey habría sido un insensato si no temía a un vasto ejército invasor que se extendía hacia Jerusalén como una inundación relámpago. Y no era como si Josafat temiera solo por su propio pellejo; él era el pastor de centenares de miles de hombres, mujeres y pequeños. Cada ojo en el reino miraba a su rey en un momento como ese. ¡Qué aplastante responsabilidad!

Sin embargo, por lo que vemos en el texto, Josafat *permitió que su temor accionara su fe*. Algunas veces escucharás a la gente decir que el temor y la fe no pueden coexistir. ¡No estoy de acuerdo! Cuando leemos las Escrituras, descubrimos un ejemplo tras otro de personas que estaban muy temerosas y afligidas, transitando por pruebas y situaciones terribles, y su fe las condujo a confiar en Dios.

Tú y yo tenemos un sitio sobre nuestras rodillas ante un grande y misericordioso Dios, y si nos atemoriza conducirnos allí, ¡que así sea!

La gran clave en toda la vida es rendirse a Dios.

La cosa mejor y más apropiada que siempre puedes hacer es volverte al Señor con todo tu corazón. Si hacen falta algún grupo de abrumadoras circunstancias que te empujen a sus brazos, considera esas circunstancias como amigas.

Solía saber de un viejo compañero que le gustaba preguntarle a la gente: «¿Cómo te va?». Y si le contestaban: «No tan mal, bajo estas circunstancias», él contestaría: «¿Qué caramba haces allí?».

Al final, aprendí a decir «bien» cuando me hacía la pregunta, y le eché a perder toda su diversión. Sin embargo, él tenía un argumento. Dios nunca tuvo la intención de que sus hijos vivieran bajo la presión, el temor y la preocupación de las situaciones de la vida. Jesús nos dice: «En este mundo afrontarán aflicciones, pero ¡anímense! Yo he vencido al mundo» (Juan 16:33).

Rendirse es una buena idea cuando enfrentes tiempos oscuros y sin esperanza. Y siempre rendidos a Dios, no a las circunstancias.

He ahí una gran diferencia.

Una cosa es suspirar y encogerse de hombros y decir: «Bueno, no hay nada que pueda hacer», y otra cosa completamente diferente es rendir tu situación al Señor que te ama. Cuando rindes tu vida y tus circunstancias a Dios, todo cambia.

El paso número uno es someterse a su voluntad y a su plan. Una vez hecho eso, eres capaz de hacerle algunas preguntas mientras oras. Quizá dirías algo como esto: *«Dios, ¿qué ves?»*. En otras palabras: «¿Cómo se ve esta situación desde tu posición ventajosa? Por favor, ayúdame a encontrar tu perspectiva en mi situación».

La segunda pregunta que harías es: *«Dios, ¿qué vas a hacer?»*.

Esa es exactamente la idea que entra en juego en el capítulo 1 de Santiago. Cuando te falta sabiduría, el apóstol nos dice que se la pidamos a Dios. Sin embargo, esa petición es en el contexto de serias y preocupantes pruebas.

> Hermanos míos, considérense muy dichosos cuando tengan que enfrentarse con diversas pruebas, pues ya saben que la prueba de su fe produce constancia. Y la constancia debe llevar a feliz término la obra, para que sean perfectos e íntegros, sin que les falte nada. Si a alguno de ustedes le falta sabiduría, pídasela a Dios, y él se la dará, pues Dios da a todos generosamente sin menospreciar a nadie. (Santiago 1:2-5)

❧

PRINCIPIO #6:
Ríndete siempre a Dios...
nunca a tus circunstancias.

En otras palabras: «Dios, no sé qué hacer aquí. Sé lo que *veo*, pero deseo ver como lo ves tú. Por lo tanto, te pido sabiduría que me permita ver esas cosas como son en realidad».

Cuando enfrento una prueba o una circunstancia difícil, descubro que necesito un cursillo de repaso sobre Dios. Necesito recordar la división del Mar Rojo. Necesito recordar el maná del cielo, cómo Jesús sanó al ciego y cómo calmó la tormenta con una sola palabra.

Me doy un rápido cursillo de repaso sobre Dios y sus bendiciones para mí, y eso me ayuda a rendirme a Él... no a mis circunstancias.

6

Cómo esperar
y escuchar

*Todos los hombres de Judá estaban de pie delante
del SEÑOR, junto con sus mujeres y sus hijos, aun
los más pequeños. Entonces el Espíritu del SEÑOR
vino sobre Jahaziel, hijo de Zacarías y
descendiente en línea directa de Benaías, Jeyel y
Matanías. Este último era un levita de los hijos de
Asaf que se encontraba en la asamblea. Y dijo
Jahaziel: «Escuchen, habitantes de Judá y de
Jerusalén, y escuche también Su Majestad. Así
dice el SEÑOR: "No tengan miedo ni se acobarden
cuando vean ese gran ejército, porque la batalla
no es de ustedes sino mía"».*

2 CRÓNICAS 20:13-15

¡Qué cuadro! *Todo* Judá parado delante del Señor:
hombres y mujeres, esposos y esposas, hijos e hijas,
abuelos y abuelas, adolescentes y párvulos, y bebés en
los brazos de sus madres. Su rey acababa de humillarse
y derramar su corazón por su pueblo. Sus últimas

palabras fueron: «¡*No sabemos qué hacer! ¡En ti hemos puesto nuestra esperanza!*».

Entonces, sin nada más que decir, la gran asamblea guardó silencio.

Y esperó.

Y escuchó.

Después el Señor comenzó a hablar.

Josafat podía haber mantenido esta oración como un asunto personal, solo entre él y un círculo íntimo de consejeros. «Al fin y al cabo», podría haber razonado, «no queremos el pánico en las calles». Sin embargo, se negó a hacer eso. En su lugar, convocó a toda la nación para una reunión masiva de oración. Cada hombre, mujer y niño en Judá corría riesgo en este asunto, de modo que su rey los reunió a todos delante de los pies de Dios.

Hay algo poderoso en la reunión de oración en una gran asamblea. Todo el que conoce nuestra iglesia en Beaverton dirá que nuestra reunión de oración los jueves por la noche es el culto más importante de la semana. El domingo por la mañana es maravilloso, el domingo por la noche siempre es de gozo y aliento, pero el jueves por la noche es donde está la acción. El edificio se llena con personas de rodillas delante de Dios y claman a Él en oración.

Cuando hace poco atravesé algunos tratamientos especiales de quimioterapia, terminé teniendo una reacción muy mala que me llevó al hospital por diez días. Fue un tiempo difícil, y el dolor era mayor que ninguno de los que había experimentado en mi vida. Me pusieron morfina a fin de ayudar a aliviar el dolor. Durante diez días, noche y día, Joyce se sentó en una silla junto a mi cama, ayudando a administrar la morfina cada veinte minutos y orando sin cesar. Ella sabía cuán vulnerable estaba en ese momento para cualquier posible complicación.

Más tarde me enteré que toda la familia de la iglesia se había reunido a orar por mí. Como con la crisis en Judá, *todo* el pueblo se reunió. A partir de entonces he recibido montones de notas y tarjetas de los niños que escribieron: «Pastor, mi mamá, mi papá y yo oramos por usted todos los días».

Y el Señor hizo una obra poderosa. Regresé a hacer lo que amo más que cualquier otra cosa en mi vida... volver al púlpito, pastorear al rebaño que amo.

Todo porque el pueblo de Dios oró.

En medio de la desesperación y los tiempos de imposibles, ¿qué es lo que mueve el cielo a nuestro favor? Son las personas que derraman su petición delante de Él y luego escuchan por su respuesta.

Creo que eso hizo el profeta Habacuc, quien clamó a Dios y presentó en detalles su queja y gran carga a los pies del Señor. Luego, cuando lo hizo, no se movió de su lugar hasta que escuchó la respuesta del Señor.

Subiré a mi atalaya ahora, y esperaré la respuesta que Dios dará a mi queja. (Habacuc 2:1, LBD)

¿Eso es lo que tú haces después que oras? ¿Subes a tu atalaya y esperas por la respuesta? ¿Comienzas a prever la contestación de Dios y de veras escuchas qué tiene Él que decirte y cómo te dirigirá? ¿O te das prisa para salir a tus actividades y regresas de lleno al mundo del ruido, la confusión y las miles de distracciones?

¿En realidad esperas que Dios hable?

Después que Habacuc se propuso esperar, el siguiente versículo dice: «Y Jehová me dijo: Escribe mi respuesta» (Habacuc 2:2, LBD). Asimismo, como Josafat y Judá esperaron en el Señor, Él contestó su oración.

PRINCIPIO #7:
Escuchaba su voz...
Antes de salir del lugar de oración.

La Biblia dice: «Entonces el Espíritu del SEÑOR vino sobre Jahaziel [...] Y dijo [...]» (2 Crónicas 20:14-15).

Satanás detesta cuando oramos, y le repugna aun más cuando esperamos en el Señor por su dirección, ayuda y consejo. ¿Por qué no quiere que escuchemos a Dios? Porque quiere que nos apartemos del Señor. No desea que estemos conectados con Él. No quiere que veamos a Dios como nuestro Padre, como nuestro Proveedor, ni como el Todopoderoso. Nuestro enemigo preferiría mantenernos ocupados, incluso en la obra del Señor, si fuera preciso, que ver nuestras almas en silencio para escuchar la voz de Dios.

No es fácil dedicar tiempo para escuchar. La mayoría de nosotros estamos conectados para la acción, para hacer. Parados y a la espera, como hizo Judá en ese día histórico, es un reto para nosotros.

Susanna Wesley, la madre de Carlos y Juan Wesley, tenía diecisiete hijos. La mayoría de nosotros solo es capaz de imaginarse cuán agitadas llegaron a ser las cosas en esa casa. Nada más piensa en el ruido increíble y la confusión que pueden generar dos o tres chicos dentro de la casa en un día lluvioso. ¿Qué te parecería probar la magnitud de diecisiete? Sería como ocuparse de una alocada y confusa guardería sin la ayuda de nadie... solo que nunca logras dejarla por la quietud del hogar en la noche porque *estás* en casa.

Una de las cosas más difíciles para esta piadosa mujer fue encontrar un tiempo y un lugar para orar cada día. Debido a que había demasiados niños ocupando cada rincón de la casa, no tenía ningún lugar para tener un devocional, ni un sitio para apartarse. Fue entonces que llegó a esta radical solución. Les dijo a todos los hijos que cuando la vieran sentada en la cocina con el delantal por encima de su cabeza, era que ella estaba hablando con Dios y no debían interrumpirla.

Esa historia me hizo pensar en una ilustración más contemporánea. Mi amigo Amos Dodge me contó acerca de su querida mamá y su lugar designado de oración. «Solo» había once hijos en la familia Dodge, pero no tenían una casa. Todos vivían en un tráiler de once metros, el cual tiraban con uno de esos inmensos y antiguos Cadillac Fleetwoods.

Cuando la vida llegaba a ser demasiado ajetreada y el ruido y la confusión la cercaban, la señora. Dodge se deslizaría al Cadillac, se sentaría en el asiento trasero, inclinaría la cabeza y oraría. Los chicos, ocupados en sus juegos y sus actividades, de repente la extrañarían y se preguntarían a dónde se había ido.

Varios de ellos al final pensarían en buscar afuera, y con bastante seguridad, ella estaría en el asiento trasero, con la cabeza inclinada, hablando al Señor. Amos me contó que los chicos sabían que era mejor no molestarla en su lugar de retiro. Todo el mundo sabía que era el lugar de la madre para estar en silencio delante de Dios. Si uno no deseaba verse involucrado en serios problemas, era mejor esquivar al viejo Cadillac. Y el Dios que se sentaba en el asiento del conductor de la vida de esta querida mujer le dio muchas importantes y asombrosas respuestas a la oración.

Solo una historia más. El Dr. Eno, uno de mis profesores en el Instituto Bíblico, nos contó acerca de sus tiempos de oración en la mañana cuando era un joven pastor en una diminuta iglesia en Canadá. Acababa de comenzar en su ministerio y estaba tratando de adaptarse a la nieve profunda y a las temperaturas bajo cero.

Su rebaño era pequeño y las condiciones eran duras, pero el Dr. Eno era un hombre muy piadoso que se preocupaba a fondo de su pequeño rebaño que le habían confiado a su cuidado. Siempre se levantaba a las cuatro en punto de la madrugada para orar. La pequeña casa, por supuesto, estaba congelada en esas oscuras horas antes del amanecer, y su única fuente de calor era los restos de leña quemada en la cocina.

Por lo tanto, el Dr. Eno prendería el fuego allí, doblaría sus rodillas en esa helada cocina y pondría su cabeza dentro del horno a fin de sentir el calor mientras oraba. Cuando le contó a la clase esa historia, recuerdo cómo varios de nosotros los estudiantes del ministerio reímos. Era un cuadro muy absurdo. ¡Un predicador con su cabeza en el horno! Sin embargo, con el paso de los años, no me reí nunca más. Sé con cuánta urgencia necesito la fortaleza y la sabiduría de Dios en mi vida y ministerio, y cuánto necesito hacer de la oración una prioridad al igual que lo hizo el Dr. Eno.

Él acostumbraba a decirnos: «Ustedes pueden hacer un montón de cosas a fin de prepararse para el ministerio. Ustedes pueden leer todos los libros y asistir a todas las clases. No obstante, nada los preparará más para las situaciones retadoras como estar de rodillas cada mañana de su vida».

Ahora quizá pienses la clase de tontería que parece orar con un delantal sobre el rostro... o en el asiento trasero de un viejo Cadillac... o con la cabeza en el horno. Y tal vez sea así; pero, ¿dónde oras *tú*? ¿Cómo haces de la oración y de escuchar a Dios una prioridad en *tu* vida?

7

Reconocimiento divino

Y dijo Jahaziel: «Escuchen, habitantes de Judá y
de Jerusalén, y escuche también Su Majestad.
Así dice el SEÑOR: "No tengan miedo ni se
acobarden cuando vean ese gran ejército,
porque la batalla no es de ustedes sino mía.
Mañana, cuando ellos suban por la cuesta de Sis,
ustedes saldrán contra ellos y los encontrarán junto
al arroyo, frente al desierto de Jeruel"».

2 CRÓNICAS 20:15-16

El Señor no solo animó a su pueblo a que no tuviera miedo, no solo les aseguró una gran victoria, sino que también les informó el lugar preciso en que estaba el enemigo y lo que este planeaba hacer.

«Cuando ellos suban por la cuesta de Sis».

Las actividades del enemigo nunca son un misterio para Dios. Los consejos del infierno no están más cerrados a

Él que los consejos de los hombres, ni de los ángeles. Si quieres saber algo acerca del enemigo, no sigas buscando debajo de las piedras ni en los rincones oscuros. Ve a Dios. Él es el único que tiene la información que necesitas.

Estos versículos siempre me recuerdan un incidente que ocurrió hace varios años. Estaba predicando en una pequeña iglesia en algún lugar del centro de Oregón, y los buenos amigos me hospedaron en el único hotel del pueblo. La habitación sin duda no era nada del otro mundo, pero ese tipo de cosas nunca me importan mucho. Todo lo que deseaba era tomar una ducha e irme a la cama.

Alrededor de las dos de la madrugada, algo me despertó del profundo sueño: un ruido en mi habitación.

Me quedé bien despierto, conteniendo la respiración y escuchando. ¿Era un ladrón? ¿Tendría que defenderme? Sabía una cosa: Si se apropiaba de mi billetera, se decepcionaría muchísimo.

Mientras más escuchaba, sin embargo, más convencido estaba que el intruso no era de la variedad de dos piernas. Y el ruido que escuchaba no era el sonido de pasos ni de alguien buscando a tientas a través de la habitación en la oscuridad.

PRINCIPIO #8:
Pregúntale a Dios sobre los planes de Satanás...
antes que el enemigo robe tus más preciosos tesoros.

Era el sonido de un roedor.

Mi huésped no convidado era, sin duda, algún tipo de barbuda y peluda criatura, y yo tenía bien fundadas sospechas de que era una rata. *Ah, fantástico*, pensé. Lo peor de todo era que sabía con exactitud lo que estaba cenando: mi amada bolsa de barras de chocolate y caramelo.

Me quedé escuchando cómo consumía mi golosina favorita. Me lo imaginaba mordisqueando la envoltura para llegar al fresco chocolate con leche, blando caramelo, crujientes maníes y cremoso turrón.

¿Qué caramba voy a hacer?, me preguntaba. Por supuesto, mientras más estaba allí, más grande se volvía la rata. Primero era del tamaño normal de una rata, luego era tan grande como un chihuahua, después era un pit bull, engulléndose todo el dulce de un solo bocado. Podía darme la vuelta y tratar de volver a dormir, ¿pero qué haría la rata cuando terminara con el dulce? ¿Qué pasaba si se le ocurría morder una o dos veces al predicador para el postre?

Tenía que hacer algo. Al final, me levanté con un plan de llegar hasta el interruptor, encender la luz y lanzarle mi almohada al mismo tiempo. Conté uno, dos, *tres...* y volé a la acción. Sin preocuparse por mi poderoso tiro de almohada, la rata dejó atrás su cena y se deslizó en el baño. *¿Ahora qué?* Bueno, al menos la tenía acorralada.

¿O no?

Al parecer, se aseguró su propia vía de escape: una hendidura en el piso de la bañera. Volví a la cama con una gran preocupación. *Va a regresar con toda su familia.*

No regresó. Ya había disfrutado de una deliciosísima comida de medianoche, y es probable que durmiera tan bien como lo hice yo.

Algún tiempo después, sin embargo, comencé a pensar en que la rata roía mis dulces mientras yo dormía despreocupado. En verdad, es una pequeña parábola de nuestra vida, y que puede ocurrir si no buscamos el rostro del Señor y permanecemos alertas y diligentes. A través de mis años de ministerio pastoral, he aconsejado individuos y parejas que para su consternación han descubierto que el enemigo ha roído las preciosas cosas en sus vidas, cuando no se daban cuenta. Un día buscaron y de repente se dieron cuenta de que habían desaparecido algunas de las cosas más amadas.

Si estás escuchando a Dios, como Josafat y el pueblo de Judá hicieron en ese sorprendente día, Él te mostrará por dónde se acerca el enemigo y qué planea para atacarte. *«Mañana, cuando ellos suban por la cuesta de Sis, ustedes saldrán contra ellos y los encontrarán junto al arroyo, frente al desierto de Jeruel»* (2 Crónicas 20:16).

Ahora bien, ese es el mejor servicio de información que podrías esperar con fotos de satélite y equipos electrónicos de audición. Dios no le dio a Josafat varios posibles escenarios. No le reveló lo que quizá hiciera el enemigo ni cómo tal vez avanzarían; les dijo lo que ellos *harían*, y el preciso lugar en el que los encontrarían.

Ese es el tipo de información que obtienes cuando buscas el rostro de Dios cada día, clamas a Él, escuchas su voz y lo obedeces. Él te mostrará dónde está el enemigo royendo en tu familia, tu matrimonio, tus hijos, tus negocios o en tu andar con Cristo. Obtendrás la información sobre dónde ir, qué hacer y cómo orar... antes de que sea demasiado tarde.

David oró: «Líbrame de la trampa que me han tendido, porque tú eres mi refugio» (Salmo 31:4).

Es triste, pero las personas a menudo vienen a verme después que saltó la trampa, después que está hecho el daño, después que desaparecieron los chocolates. Destrozados y llorosos, me dirán: «Mi esposa me dejó», o «Mi esposo tiene una amante», o «Mi hijo está en grandes problemas», o «¡Mi hija adolescente está embarazada!». Y se encuentran en choque. Están aturdidos y asombrados de que les pasen tales cosas, y me dicen cómo nunca lo previeron.

Sin embargo, Dios lo sabía desde el principio. Conoce el secreto, los movimientos furtivos del enemigo. Conoce las grietas en el piso por las que sale el enemigo en la noche, y Él sabe dónde somos vulnerables a la pérdida. Escuchar a Dios es importantísimo porque, de otra manera, algún día das una vuelta y descubres que ha desaparecido lo que más amabas... consumido en la noche mientras estabas dormido y despreocupado.

En un libro anterior conté la historia cuando estuve fuera de la ciudad, en un hotel lejos de casa y de que tuve un espantoso sueño sobre mi hijo mayor, Ron, un joven adolescente en ese tiempo. En mi sueño, Ron se convirtió en algo que nunca ha sido en la vida real. Estaba parado en una esquina, debajo de un poste del alumbrado eléctrico, con lo que parecía ser una pandilla de delincuentes, todos fumando marihuana. Era cínico, rebelde, odioso. Su rostro era tan duro como la piedra y sus ojos estaban llenos de burla. Se reía en mi cara cuando intenté hablarle y razonar con él. Yo estaba tan atribulado que me desperté llorando.

De inmediato, me arrodillé junto a mi cama en esa habitación oscura como boca de lobo y comencé a clamar al Señor por mi muchacho.

«Señor», dije, «este no es mi hijo. Nunca ha sido de esa manera. Nunca ha actuado así. Nunca ha sido odioso ni rebelde con Joyce ni conmigo».

«No», me pareció que susurró el Señor en mi corazón, «pero podría llegar a ser de esa manera... a menos que tú ores».

Pasé una buena parte de esa noche sobre mis rodillas, orando por la gracia y la protección de Dios sobre la vida de Ron, orando por sabiduría como un padre para ser el tipo de papá que necesitaba Ron.

Hablé acerca de este incidente en uno de mis sermones, y después del mensaje una pareja se me enfrentó... con un reto en sus ojos. Dijeron: «¿Está sugiriendo que si no oramos por nuestros chicos, llegarían a ser drogadictos o rebeldes?». Mientras estábamos hablando, tuve la clara idea de que en realidad ellos no deseaban asumir la responsabilidad por la protección espiritual de sus hijos. Todo lo que hice fue repetirles lo que me dijo el Señor. Sin embargo, te diré esto: Cuando el Espíritu de Dios me advierte sobre algo que está pasando en la vida de mis hijos, este papá se va derecho a sus rodillas, clamando a Dios.

Deseo estar alerta por mi familia. Deseo estar alerta por mi matrimonio. Tú nunca me escucharás decir: «Bueno, eso nunca me va a pasar a mí», ni «Esto nunca pasará en mi familia». La verdad es esta: Si no estoy vigilante, si no pongo mi vida y mi familia delante del Señor cada día y escucho su voz, soy tan vulnerable como cualquier otra persona.

Y tú también.

La rata en el hotel que se comió mis golosinas nunca lo supo, pero solo consumió su última comida. El administrador del hotel la atrapó al día siguiente y le dio su merecido. Ya ves, ese roedor amante del chocolate reveló su *modus operandi*. Se dejó al descubierto. Y la próxima vez que asomó su peluda cabecita a través del hoyo en la bañera, tuvo problemas.

Lo mismo ocurre en la guerra espiritual. Si te encuentras atravesando tiempos difíciles o si estás enfrentando circunstancias abrumadoras o intensos ataques espirituales, debes ser la persona con mayor aliento del mundo. ¿Por qué? Porque Satanás nunca es más vulnerable que cuando levanta su cabeza.

Si no lo crees, pregúntaselo a Goliat. Si ese filisteo de casi tres metros de alto nunca hubiera retado a Dios y al pueblo de Dios, podría haber terminado sus días en un centro de jubilación, jugando damas y oliendo pensamientos. En cambio, su cabeza cercenada terminó como un trofeo: sujeta en las manos del muchacho pastor llamado David.

Lo he visto una y otra vez a través de mis años en las líneas del frente del ministerio. Satanás puede actuar entre bastidores, causando todo tipo de problemas y consternación. Sin embargo, en el minuto que sale al descubierto y lanza un gran ataque, se hace vulnerable. Las oraciones del pueblo de Dios lo enviarán a la mayor derrota.

La estrategia de Satanás de seducir en silencio a Judá hacia la idolatría y la inmoralidad obró muy bien a través de los años. Aun así, cuando él envió un inmenso ejército a fin de lanzar un ataque sorpresa contra Josafat y Jerusalén, cuando intentó eliminar a Judá con un intrépido golpe, rebasó sus límites. Se volvió vulnerable al sincero clamor del pueblo de Dios y sus ejércitos quedaron *destrozados* por completo.

Gracias a Dios cuando vienen los grandes ataques. ¡Grita aleluya! Tu enemigo acaba de convertirse en vulnerable, y Dios traerá victoria en respuesta a las fervorosas oraciones de su pueblo.

8

¿Obediencia o pasividad?

Al día siguiente, madrugaron
y fueron al desierto de Tecoa.

2 CRÓNICAS 20:20

Cuando Judá recibió la noticia del profeta, el país tuvo una reunión masiva de adoración y alabanza. El rey y el pueblo «se postraron rostro en tierra y adoraron al SEÑOR»: pequeños y grandes, jóvenes y ancianos, comenzaron a adorar al Señor con todas sus fuerzas. Sus líderes de adoración, los levitas de Coat y Coré, «se pusieron de pie para alabar al SEÑOR a voz en cuello» (2 Crónicas 20:18-19).

Entonces, a la mañana siguiente, en las frías luces del amanecer, llegan hasta el camino dirigiéndose hacia el sur... directamente al frente del inmenso ejército, al cual se doblegó en muerte y destrucción liberadora.

Es bueno ser parte de una emocionante reunión de adoración en la que uno se encuentra cautivado en la música, donde corren las lágrimas y donde todo el mundo levanta sus manos en alabanzas y gritos de gloria para el Todopoderoso. Es bastante emocionante ser parte de algo así, y cuando pones la cabeza en la almohada en la noche, la música y el gozo siguen haciendo eco en tu corazón.

Sin embargo, luego viene la mañana.

Las emociones no están tan elevadas mientras estás sentado en el borde de la cama, tratando de enfocar los ojos. Y los compromisos que hiciste al Señor no parecen tan frescos ni vitales como eran en el calor de tu santa pasión en la noche anterior.

Piensa en el ejército de Judá esa mañana. Iban en camino para enfrentar una fuerza enemiga mucho más grande de lo que se habían imaginado. La reunión de oración de ayer fue solo eso: reunión de oración de ayer. ¿Dónde estaban los gritos y las canciones? ¿Dónde estaban las emociones y las lágrimas? Cuando en silencio ataban sus sandalias y recogían sus escudos y armas, quizá todo ese resplandor santo debe haberles parecido muy antiguo y muy lejano.

Principio #9:
Decide hacer lo que el Señor te dijo que hicieras...

A lo mejor el rey se sintió algo así porque tomó tiempo para recordarles algunas cosas antes de que juntos se pusieran en camino:

—Óiganme, oh pueblo de Judá y de Jerusalén. Crean en Jehová el Dios de ustedes y tendrán éxito. Crean a sus profetas, y todo les irá bien. (2 Crónicas 20:20, LBD)

¿Por qué consideró necesario recordarle a su pueblo que creyera en el Señor y sus profetas? ¿Había algo en esa mañana que no los dejaba mantenerse firmes? ¿Hubo alguien que comenzó a dudar de las osadas palabras de los profetas? Es posible que lo hubiera. De todas maneras, se levantaron temprano en la mañana y se pusieron en camino. Fueron obedientes a la voz del Señor.

Esta es una realidad: Dios actúa en medio de la obediencia; Satanás actúa en medio de la pasividad. Si quieres que Dios obre en tu vida, solo comienza a *hacer* lo que Él te dice. Pon en acción los mecanismos de tu voluntad, ya sea que tus emociones participen o no.

Vamos a enfrentarlo, hay muchísimos de nosotros que nos han educado de una manera que va más allá de nuestra experiencia. *Sabemos* mucho más de lo que *hacemos*. He observado que gran número de buenos creyentes que conocen la Palabra, comprenden las promesas de Dios y pueden citar la Escritura hasta el día del juicio final. Sin embargo, en verdad no les hace mucho bien (ni a cualquier otra persona), hasta que comienzan a salir en fe y actuar basados en lo que creen.

La iglesia occidental está inundada de libros, casetes, conferencias y seminarios. Cada vez más personas están aprendiendo más principios. Algunas personas se engañan al pensar que mientras más saben, estudian, mejor comprenden el griego y el hebreo, más agradarán a Dios. ¡No necesariamente! Todos esos conocimientos no servirán para nada si no se traducen en acción.

Estoy firmemente convencido de que cuando los hombres y las mujeres avanzan en fe y comienzan a hacer lo que saben y creen, ponen en acción el poder del cielo. Dios responde cuando ve el movimiento. Dios se mueve a favor de los hacedores.

Noé construyó un arca.

Abraham se marchó a una tierra que jamás había visto.

Josué se paró en una avalancha del Jordán.

María le dijo a Gabriel: «He aquí la sierva del Señor; hágase conmigo conforme a tu palabra» (Lucas 1:38, RV-60).

Dios está buscando personas que no solo escuchen lo que dice, que no solo memoricen principios y asistan a seminarios, sino a las que rompan la inercia, salgan en fe y comiencen a hacer lo que Él manda.

¿Te ha hablado el Señor acerca de mostrar más amor hacia tu cónyuge? Entonces levántate en la mañana y comienza a hacerlo ya sea que lo sientas o no, ya sea que se lo «merezca» o no.

¿Te ha dicho el Señor que le hables a tu vecino sobre la fe en Cristo? Es probable que nunca encuentres ese esquivo «momento ideal». Solo abre tu boca y lánzate a esto.

¿Te ha dado el Señor un empujoncito en cuanto a diezmar o dar cierta cantidad de dinero para algún aspecto de su obra? Levántate en la mañana y escribe un cheque. No esperes por las emociones, ni la música del órgano, ni el regreso del «resplandor santo». Solo sé obediente a su voz y observa la obra que Él comienza en tu vida.

Si te conviertes en pasivo, si pones en espera tu obediencia al Señor, si decides esperar por un mejor o más inspirador día para hacer lo que el Señor te dijo que hicieras, ¡ten cuidado! Satanás te robará ahora mismo tu ropa interior. Un día te levantarás, mirarás a tu alrededor y dirás: «¿Qué pasó». ¿Qué le pasó a mi fe? ¿Qué le pasó a mi matrimonio? ¿Qué les pasó a mis hijos? ¿Qué les pasó a todas las cosas que eran tan preciosas para mí?

¿Ves la urgencia en lo que hizo el pueblo de Dios en esta historia? Se levantaron temprano en la mañana. Nadie durmió en ese día. Nadie se quedó en las barracas puliendo su armadura. Entraron de lleno en obediencia, y cuando lo hicieron, comenzó a fluir el gran poder de Dios. Delante de ellos, en el campamento del enemigo, la desesperación y la confusión comenzaron a descender cuando los hijos de Dios se movían en la obediencia.

Ese es el porqué creo que algunas personas nunca logran experimentar la victoria y la bendición que en realidad anhelan para sus vidas. Esto se debe a que no prestan atención a lo que Dios les ha mostrado que hagan. Escuchan la voz de Dios, pero no lo racionalizan y se pierden la oportunidad de la grandeza en su reino.

Mi amigo Steve Savelich a cada momento me recuerda que los actos de obediencia siempre van seguidos de grandes actos de Dios. Debemos hacer lo que nos sea posible y entonces Él hace lo que nunca lograríamos hacer. Por ejemplo...

Tú puedes construir un arca, pero solo Dios puede traer el gran diluvio.

Tú puedes marchar alrededor de las murallas de Jericó, pero solo Dios puede derribarlas.

Tú puedes sentar a la gente en grupos de cincuenta, pero solo Dios puede alimentar cinco mil personas de un diminuto almuerzo.

Tú puedes dar pasos de obediencia en tu matrimonio, pero solo Dios puede traer la restauración y la bendición.

A los actos de obediencia, haciendo lo que sabes que Él quiere que hagas, les siguen los actos de Dios. El Señor va a hacer algo tan pronto como tú lo hagas.

9

Quédense quietos

«Pero ustedes no tendrán que intervenir en esta batalla. Simplemente, quédense quietos en sus puestos, para que vean la salvación que el SEÑOR les dará. ¡Habitantes de Judá y de Jerusalén, no tengan miedo ni se acobarden! Salgan mañana contra ellos, porque yo, el SEÑOR, estaré con ustedes».

2 CRÓNICAS 20:17

Cuando llegó la hora de ser obediente, el ejército de Judá tuvo que moverse esa mañana y ponerse en posición de ver la obra de Dios. Sin embargo, cuando llegó el momento de la batalla, a Judá no le hizo falta disparar ni una sola flecha ni arrojar una sola lanza.

Es más, el Señor les dijo que permanecieran en sus puestos y que se quedaran «quietos». Josafat y Judá fueron obedientes; ahora era el momento de que Dios entrara en acción.

Sé que quizá parezca una contradicción con el capítulo anterior, pero no puedes evadir los hechos bíblicos: Hay algunas cosas acerca de Dios que nunca verás, nunca experimentarás, a menos que te quedes quieto, detengas todos tus esfuerzos y esperes a que Él obre.

«Quédense quietos, reconozcan que yo soy Dios», dice el Señor en el Salmo 46:10.

«Quédense quietos [y] vean [mi] salvación», nos dice el Señor en 2 Crónicas 20:17.

Quédate quieto ante Dios cuando estés en serios problemas. Cuando el pueblo de la naciente nación de Israel descubrió que estaba atrapado en un callejón sin salida, con el Mar Rojo delante de ellos y los ejércitos del faraón retumbando por detrás, Moisés les dijo: «No tengan miedo. Manténganse firmes y fíjense en lo que el Señor va a hacer hoy para salvarlos [...] Ustedes no se preocupen, que el Señor va a pelear por ustedes» (Éxodo 14:13-14, DHH).

Quédate quieto ante Dios cuando desaparecen tus opciones y parece que no vas a ninguna parte. Cuando la siguiente generación de israelitas se acercó al río Jordán en su crecida estacional, procurando cruzar hacia la tierra prometida, Dios instruyó a los sacerdotes que caminaran derecho hacia el borde de las aguas y entonces les dijo que se detuvieran, que se quedaran quietos (véase Josué 3:8, RV-60). Cuando las suelas de sus sandalias tocaron el agua, Dios detuvo la corriente del río, permitiendo que las aguas que venían de arriba se detuvieran en un montón.

PRINCIPIO #10:
Termina con tu propia lucha...
y espera por la obra del Señor.

Muchas veces en la vida, Dios conducirá a su pueblo al borde de lo imposible, al filo de un infranqueable precipicio. Y Él nos dice: «Pueblo de fe, quédense quietos y véanme hacer la obra».

En tu temor y ansiedad, quizá comiences a decirte: «Estoy haciendo lo que el Señor me dijo que hiciera, pero no veo que pasa nada». No, es probable que no lo veas, al menos en este momento. Sin embargo, Dios está haciendo algo río arriba. Aun cuando no veas la evidencia inmediata, Dios está trabajando río arriba y su obra viene a tu camino.

Cuán difícil nos parece a veces quedarnos quietos. Hay etapas en nuestra vida en las que nos enfrentamos a circunstancias que son terriblemente graves. No estamos hablando aquí de algo casual. Nos referimos a enfermedad de un hijo... un fracaso matrimonial... un problema financiero. Piensa en la fe que se necesita para estar quietos. ¡No estamos *adaptados* para quedarnos quietos ante las crisis! Estamos adaptados a hacer algo, a comenzar algo, a meternos de lleno en algo, a arreglarlo. Nosotros tampoco deseamos correr directamente a las lanzas del enemigo y batirnos en forma inútil, ni huir del enemigo en un pánico ciego.

Sin embargo, Dios tiene sus propias maneras de obligarnos a quedarnos quietos, ¿no es así? ¿Recuerdas lo que escribió David en el Salmo del Pastor?

En verdes pastos me hace descansar.
Junto a tranquilas aguas me conduce.
(Salmo 23:2)

¿Me *hace* descansar? Sí, Él lo hará porque a veces soy una oveja terca y tonta, y no tengo idea de qué hacer ni qué es lo mejor para mí. Y debido a que no soy capaz de encontrar esos verdes pastos ni las tranquilas aguas que corren deslumbrantes por el paisaje, Él me pone alguna presión y me hace descansar.

Cuando era pequeño, recuerdo que me sentaba al lado de mi madre en la iglesia y jugueteaba con algo y me movía sin cesar durante el mensaje. Mamá decía: «¡Te callas ahora! ¡Tranquilízate!». Y si seguía inquieto y distrayendo a las personas, me agarraba por una rodilla y me la apretaba. ¿De dónde sacaría mi dulce madre esos dedos de hierro? ¿Y cómo me iba a inquietar y revolver cuando mi rodilla estaba comprimida a la mitad de su tamaño normal?

Por mi propia experiencia, he descubierto que a veces Dios hace las mismas cosas. Eso no va más allá de un ligero apretón, a fin de que estemos quietos y experimentemos su poder, gracia y provisión en nuestra vida.

Me encanta lo que dice mi amigo Amos Dodge: «Mientras estamos esperando, Dios está trabajando».

10

La música de la obediencia

Y habiendo consultado con el pueblo, designó a algunos que cantaran al SEÑOR y a algunos que le alabaran en vestiduras santas, conforme salían delante del ejército y que dijeran: Dad gracias al SEÑOR, porque para siempre es su misericordia.

2 CRÓNICAS 20:21, LBLA

Cuando enfrentas abrumadoras fuerzas superiores, ¿qué dices? ¡Para siempre es su misericordia! Eso era lo que los cantantes declaraban cuando iban delante del ejército hacia la madriguera del enemigo. Pase lo que pase: victoria o derrota, brille el sol o haya tormenta, salud o enfermedad, vida o muerte, las misericordias de Dios son para siempre. Como declarara un profeta años más tarde:

Las misericordias del SEÑOR jamás terminan, pues nunca fallan sus bondades; son nuevas cada mañana; ¡grande es tu fidelidad!
(Lamentaciones 3:22-23, LBLA)

Cuando Josafat se apoyó en la perdurable misericordia del Señor, sin duda esta no fue su primera experiencia. Las Escrituras declaran que nuestro Dios ha sido misericordioso, es misericordioso y será siempre misericordioso. ¿Por qué no diría que Él será misericordioso conmigo, ahora mismo, en cualquier experiencia que tenga que enfrentar?

Cuando enfrentas posibilidades abrumadoras, ¿qué dices? *¡Para siempre es su misericordia!*

Cuando enfrentas presiones financieras, ¿qué dices? *¡Para siempre es su misericordia!*

Cuando enfrentas retos en asuntos de salud, ¿qué dices? *¡Para siempre es su misericordia!*

La misericordia nos recuerda que Dios continúa amándonos, dándonos y perdonándonos; su gracia nunca termina. Su compasión nunca disminuye. Su amor nunca lo agotas. Ahora bien, yo quizá sea uno de los tipos más agradables que hayas conocido, pero después de un rato, agotarás mi amor y misericordia. Y presiento que yo agotaré también los tuyos. Hay un límite para nuestro amor y nuestra misericordia, pero no para los de Él.

El carácter de Dios tiene que ser la base de nuestra esperanza. Él lo sabe todo y lo ve todo, y como ha sido fiel en el pasado, sabemos que va a ser fiel en el futuro.

Este principio resuena desde el principio hasta el final de esta historia. El rey Josafat repasa el carácter de Dios y avanza confiado y obediente.

A través de muchos días oscuros y difíciles en mi propia vida, he declarado con David: «Mi vida entera está en tus manos» (Salmo 31:15). Y es cierto. Puedo descansar en el hecho de que todos mis días y todas mis horas reposan en las manos de mi Padre... y Él es misericordioso. Ha habido tiempos en el hospital en los que conocí el gran dolor y la abrumadora debilidad, pero era reconfortante saber que Él estaba en total control de cada detalle y que su misericordia es grande.

Me pregunto qué impresión darían esa mañana temprano en Judá cuando el coro marchó delante del ejército. Me pregunto qué les parecería a lo lejos al enemigo. Quizá escucharían algo imposible de diferenciar en la distancia... algo como un trueno. Cuando el pueblo de Dios estuvo más cerca de la cuesta de Sis, es posible que algunos entre los edomitas se imaginaran que el viento sonaba como la voz de una gran multitud, cada vez más fuerte.

Los que estaban en la vanguardia de la fuerza enemiga quizá comenzaran a captar algunas palabras aquí y allá. ¿Y qué parecieron a los oídos del adversario?

«*Dad gracias al* SEÑOR, *porque para siempre es su misericordia*».

¿Los desconcertaron? ¿Llenaron su corazón de asombro? ¿Los envolvió una ola fría de temor? ¿Echaron por tierra su esperanza, su seguridad, su osadía?

El pueblo de Judá no corrió. No atacó. Solo estaban... parados allí y... *cantando*. ¿Cómo sería esto? ¿Qué significaba?

Para el pueblo que marchaba y cantaba, creo que el mensaje era este: La misericordia de Dios va a perdurar en medio de todo esto. La misericordia de Dios sobrevivirá este ataque. ¡Dios vencerá esta situación y nos dará la victoria!

Cuando David expresa: «Mi vida entera está en tus manos», creo que esto es lo que básicamente dice: «Señor, tú gobiernas nuestra vida. No lo hacen las circunstancias».

Y eso es lo que el pueblo decía en el frente de batalla: «¡Escuchen moabitas y todos ustedes enemigos del Dios viviente! ¡Ustedes no nos controlan a nosotros! Las circunstancias no gobernarán nuestras vidas; *Dios* es el que lo hace. Nuestro tiempo está en las manos del Señor y en eso estamos descansando».

Esto me recuerda lo que mi esposa dijo en cuanto le di el diagnóstico de leucemia. Me rodeó con sus brazos y dijo: «El siervo del Señor es indestructible hasta que termine Dios con él».

¿Y qué pasa cuando Él *termina*? ¡Ah! Él nos lleva de inmediato a su presencia donde estaremos rodeados por el gozo, el fulgor, el cántico, la inefable paz y la vida eterna.

¡Eso es la misericordia! Excederá en duración a todo lo que tú y yo enfrentaremos jamás.

He escuchado mensajes sobre este capítulo de la Escritura donde el predicador comienza con el final de la historia: La canción que el coro cantó a medida que guiaba al ejército hacia el campamento enemigo.

La gente quizá diga: «Solo comienza a cantar una canción de alabanza y Dios hará una obra». Algunas personas enseñan que una canción es todo lo que hace falta. Solo canta y Dios te dará un milagro. Solo da voces de alabanza frente a tus problemas y Dios intervendrá.

Esa gente tiene un argumento. La adoración *es* poderosa, y la Escritura habla de canciones de liberación. No obstante, si creen que este es un simple coro que movió el cielo o que trajo desesperación y destrucción al enemigo, están equivocados. El pueblo de Judá cantó de las misericordias de Dios en esa gloriosa mañana, pero antes que eso invitaron la poderosa intervención del cielo debido a la manera en que vivían ellos y su rey.

Recuerda que Josafat «no buscó a los baales sino al Dios de su padre, obedeció los mandamientos de Dios» (2 Crónicas 17:3-4).

Josafat «[quitó] del país las imágenes de la diosa Aserá, y [buscó] a Dios de todo corazón» (2 Crónicas 19:3).

Josafat «decidió consultar al Señor» cuando vinieron pruebas terribles a su vida (2 Crónicas 20:3).

Josafat recitó el currículum vitae de Dios delante de toda la nación, declarando su salvación, fidelidad y poder (2 Crónicas 20:6-11).

Josafat admitió sin tapujos que no tenía fuerza ni sabiduría propia; que él estaba esperando solo en Dios por ayuda y liberación (2 Crónicas 20:12).

Josafat y todo el pueblo de Judá fueron fieles en hacer con exactitud lo que les mandó Dios, creyendo que su Palabra era verdad, aun si esta discrepaba con las «realidades» (2 Crónicas 20:20).

Entonces comenzaron a cantar, *entonces* Dios comenzó a salvar y *entonces* se apoderaron del botín. Fue más que la música de alabanza; fue la música de la obediencia. Era la música de vidas llevadas en comunión diaria con Él.

A Dios le encanta cuando el pueblo adora sin motivos, aferrados solo a su Palabra y a sus promesas. Y es por eso que me fascina esta parte de la historia. El pueblo de Judá que marchaba esa mañana hacia un inmenso ejército enemigo no veía el futuro. El coro marchando delante de las tropas cantaba alabanzas de Dios aun cuando no sabía lo que iba a suceder cuando llegaran a la cuesta de Sis.

Es fácil adorar *después* que se gana la batalla, *después* que recogemos el botín. Es fácil alabar a Dios después que recibiste las respuestas a tus oraciones. Sin embargo, el corazón de Dios se mueve cuando su pueblo lo adora en fe, descansando solo en su Palabra y en su carácter.

He visto muchísimas personas alabando a Dios cuando llega la promoción... cuando las pruebas del cáncer vuelven a la normalidad... cuando el correo trae un cheque inesperado... cuando un ser querido al fin se entrega a Jesucristo... cuando el hijo fugitivo regresa al hogar. Sin embargo, no es muy común escuchar esas mismas canciones de alabanza de una garganta ahogada por el llanto... cuando no llega la promoción... cuando el informe del médico no es tan bueno... cuando el matrimonio sigue con luchas... cuando los cobradores están tocando a la puerta... cuando hace mucho tiempo que el hijo se fue y no se tiene noticias.

El libro de Hebreos llama a esto «un sacrificio de alabanza», y el aroma que se eleva de tal ofrenda es de suma fragancia en los atrios del cielo.

¿Recuerdas a Pablo y Silas en lo más profundo de las entrañas de la prisión filipense? Era la oscuridad de medianoche. Sus pies estaban en los cepos. Sus espaldas estaban profundamente laceradas y la sangre corría debido a una severa golpiza. Su ministerio estaba paralizado. No tenían idea de cuándo los liberarían, ni siquiera de si lo harían.

¿Y qué dice la Escritura? «A eso de la medianoche, Pablo y Silas se pusieron a orar y a cantar himnos a Dios» (Hechos 16:25).

Algo pasó esa noche. La tierra tembló. Las cadenas se quebraron. Las puertas de la cárcel se abrieron. Los prisioneros se soltaron.

Tú dirías que la oración de fe movió el cielo.

Y tendrías razón.

ETW →

Wean

18:30

April

12

park